바람의 추억,
세월에 지다

배동현 시집

바람의 추억, 세월에 지다

축시

새날의 조롱길을 가리라
―배동현 시집 『바람의 추억, 세월에 지다』 발간을 축하하며

김재진 | 평론가·시인

하늘 청정한 날은
단군의 후예들이
영광된 마당의
창공 드높이
웅비의 나래를 펴는가.

억조 창생토록
불사조의 노래는
금수강산의
희망봉을 향해
보무 당당하게
비상하거니

여기
인종의 가시밭길 지나
피안의 언덕에 당도하면
십개 성상 쌓은
형설의 공일랑
금자탑으로 세워 놓고
동방의 여명이 밝아 오는
광명 천지 활짝 열고
새날의 조롱길을 가리라.

                                          2013년 1월

시인의 말

어김없이 찾아드는 시린 추억

구정 아침이면 어느 누구든 아마 옛것에 대한 그리움에 새록새록 젖게 될 것이다. 돌아가신 할머니, 어머님도 새삼 생각나고 옛 살던 집의 풍경도 고향도 정겹던 이웃도 아련하게 생각난다. 그때가 구정이 아닌가 한다.

초가지붕이 있고, 돌담을 둘러친 오래전 고향 마을에는 참새가 푸드덕이며 무리 지어 날아들곤 했고, 뒷담에 붙어 있는 소나무더미 위를 소살거리며 굴뚝새 대여섯 마리가 오가곤 했다. 참새 떼는 세월의 순풍을 날 수 있어서일까. 아직도 시골길을 걸으면 심심찮게 마주치곤 하지만 굴뚝새는 어디로 갔는지 아예 보이지 않는다.

시골마다 초가를 시멘트 기와로 바꾸고, 나무를

때던 부엌을 기름보일러로 바꾸어 버려 이젠 웬만한 시골에는 굴뚝에서 연기가 나지 않는다. 해가 질 무렵이나, 이른 아침 고요를 타고 오르던 기다란 곡선의 연기가 불현듯 그리워지는 것은 오직 나뿐만이 아닐 것이다. 그 시절을 살아오면서 그리움을 주체하지 못해 간간이 써 온 시를 모아 오늘 한 권의 책으로 엮어 내는 무례함에 먼저 용서를 빈다.

요즘은 포럼이나 세미나 등 심포지엄이 대세이지만, 그리스 철학자 플라톤은 책이름 심포지엄(향연, symposion)에서 sym은 '함께', posion은 '먹고 마신다' 는 것을 뜻한다고 일렀다. 우리가 매일 먹던 밥상에도 여러 종류의 밥상이 있었다. 그중에 두레상은 말하자면 우리 조상들의 지혜로운 가족적 심포지엄이었을 것이다. 온 가족이 둘러앉아 받는 상이 두레상이다. 어떻게 끼어 앉든 온 식구가 단 한 사람도 빠져서는 안 되는 상이 두레상이고 두레상에는 아버지, 어머니, 형제 자매들 그리고 어떤 때는 가까운 친척이나 이웃 사람까지도 모두 평등하게 둘러앉았다. 이렇게 많은 사람이 어떻게 다 둘러앉을 수 있을까 불안해도, 어깨를 좁히고 다리를 오므리다 보면 어느새 다들 자리 잡기 마련이다.

드러나게 반찬 싸움을 하다 보면 어른들의 불호령이 떨어지니 은밀한 신경전을 벌이기도 하지만 급기야는 다음을 위한 양보와 단념도 배우게 된다. 밥상에서 밥만 먹는다고 생각하면 큰 착각이다. 밥상에서는 옆에 앉은 사람들의 사랑과 배려, 절도와 예의, 교류와 교육, 품위 등 심지어 검소한 그릇 위의 다이어트와 건강도 함께 챙겼다.

  단아하고 검소하며, 절도 있으면서도 시끌벅적한 우리의 밥상이 요즈음에는 거의 사라졌다. 도대체 왜 이럴까. 우리 아이들이 누구와 무엇을 먹는지, 얼마나 먹는지 알 수 없는 세태가 되었고 누구를 만나 어떤 말을 하며 먹는지도 모르다 보니, 어떤 생각으로 어떤 일을 도모하는지도 알 수 없게 되었다. 옛 때의 밥상에서는 밥만 먹은 것이 아니고 가족의 대사 등 세상 사는 정보와 뉴스 등도 교류했다. 겸상은 무엇인가 단둘이서만 긴히 할 일이 있을 때만 받는 밥상이었다. 비밀스런 회동도 둘만의 조찬으로 천연스레 넘기는 삶의 방식인 단둘의 심포지엄, 그 옛날 밥상의 추억이다.

  나는 오늘 그 두레상 한 상을 차려 내어 여러분들에게 가족의 예를 깍듯이 갖추고자 한다. 산비탈 아래 꼬불꼬불 펼쳐놓은 산길 따라 하얀 찔레꽃이 꿈인 듯 화사하게 피어 있고 앞들 채전 밭에는 무리 지어 날던 종달새의 그리움 하며 군불을 피우던 고래를 따라 무엇이 그리 반갑던지 빼꼼 고개를 내밀고 나를 반겨 주던 굴뚝새가 가슴속에 작은 날개를 펼치며 언제든 다가온다.

  환경의 변화는 추억의 그림자마저 지우는 것일까. 굴뚝이 없으니 굴뚝샌들 어디에다 정을 붙이면서 살아갈 수 있었을까. 이제는 자취를 감춘 굴뚝새, 날개 길이가 3cm정도에 불과한 작은 다갈색의 굴뚝새가 그리운 것은 철새처럼 이리저리 자기만의 이익만을 찾아 쫓아다니며 변신을 예사로 하고 있는 우리들에겐 작지만 제 이름 값을 훌륭하게 하고 있는 착한 그리움의 증표일 것이다. 뒤꼍을 오가며 곡식 알 한 톨 건드리지 않고, 짚이나 썩은 나무 배까리(더미)를 뒤지며 작은 벌레나 잡아먹는 이로운 새인데도 아무도 거들떠보지 않는 것은 눈앞에 보이는 이익에만 집착하는 우리들의 세태 때문이 아닐까. 뒤꼍 감나무 아래 서 있으면 인기척에 놀라 쏜살같이 짚단 속으로 숨어 버리는 굴뚝새의 수줍은 모습이 부끄러움을 잃어 가는 우리들에게 더욱 아름답게 다가오는 것은 세월이 주는 옛것에 대한 몽매한 추어 때문일 것이다.

  바람이 낙엽 끌고 가는 소리에 행여 누가 오시나? 방문 삐꺽 열면 사립문 위에 휘영청 둥근달이 못 본 척 능청맞게 졸고 있고 지나치던 바람 타고 들려오는 먼 산골 동네 개 짖는 소리, 시도 때도 없이 찾아오는 그리움은 왜, 어디서 오는 것일까? 억제하지 못하고 가슴속에서 울컥 치미는 그리움의 눈물이 시를 쓰는 이유 아닐까? 이제부터 나는 바보처럼 그리워하며 살까 한다.

2013년 1월
배동현

배동현 시집 **바람의 추억, 세월에 지다**

□ 축시_김재진
□ 시인의 말

제1부 바람의 흔적

북 ——— 17
바람의 흔적 ——— 18
고독 ——— 19
울음의 미학 ——— 20
황혼 ——— 21
사랑 ——— 22
송(song) ——— 23
오수 ——— 24
붕어빵의 꿈 ——— 25
세월의 덫 ——— 26
그리움 ——— 27
조개무덤 ——— 28
종말 ——— 29

제2부 진달래 단상

해당화 ——— 33
억새꽃 ——— 34
홍시 ——— 35
하늘 ——— 36

바람의 추억, 세월에 지다 배동현 시집

 차 례

37 ─── 노송
38 ─── 매화 피는 날
39 ─── 구름 한 조각
40 ─── 진달래 단상
41 ─── 달맞이꽃
42 ─── 난蘭
43 ─── 갈대
44 ─── 억새
45 ─── 진달래
46 ─── 단풍
47 ─── 구절초
48 ─── 동백꽃
50 ─── 환희

제3부 인연의 끈

53 ─── 흔적
54 ─── 수심愁心
55 ─── 소통
56 ─── 인연의 끈
57 ─── 서낭당의 추억
58 ─── 불혹의 흔적
60 ─── 세상에 이런 일이
61 ─── 중심추
62 ─── 노추老醜

배동현 시집 　　　　　　　　　　**바람의 추억, 세월에 지다**

차 례

밥 짓는 연기가 그립습니다 ── 63
큰집 가는 길 ── 65
출상의 아침에 ── 66
고향의 고집 ── 68
춘념春念 ── 69
대송의 아픔 ── 70
사이공연가 ── 71
거룩한 바보 ── 74
할아버지 소고小考 ── 77
착각의 시대에 ── 79
해탈 연습 ── 80

제4부 봄날

송년찬가送年讚歌 ── 83
해맞이 잔치 ── 85
정월 대보름 ── 86
입춘대길 ── 88
입춘지절立春之節 ── 89
봄날 ── 91
봄의 무례함을 고告함 ── 92
봄날이 간다 ── 94
소나기 ── 95
가을이 오네 ── 96
가을의 의미 ── 98

바람의 추억, 세월에 지다   배동현 시집

99 ───── 가을 단상
100 ───── 가을이 간다
101 ───── 처서
102 ───── 가을 들녘
103 ───── 밤바다
104 ───── 낙엽 한 잎

제5부 호미곶 찬가

107 ───── 법광사의 봄
108 ───── 죽도시장
109 ───── 흥해 5일장 풍경
110 ───── 하오의 월포 바다
111 ───── 오어사 변경
112 ───── 과메기 덕장
113 ───── 호미곶 찬가
114 ───── 신항만에서
115 ───── 칠포에서
116 ───── 보경사
117 ───── 오도의 석양
118 ───── 포항 동빈포구
120 ───── 오어지의 달
121 ───── 비학산 기우제
123 ───── 형산강의 신음 소리
125 ───── 형산포구

제1부 바람의 흔적

저물녘 노을같이 언제나
가슴 한가운데로만 맴돌아
여울목에 낙엽 쌓이듯
하얗게 쌓여 가는 흔적들

북

가슴속에 뭣이 들었기에
그토록 온몸으로 슬피 울 수 있을까

덩치만 컸지
쓸 만한 것이라곤 하나도 없고

속이 텅 빈 것이
소리꾼같이 잘도 운다

나도 속을 텅텅 비우면
저토록 온몸으로 슬피 울 수 있을까

바람의 흔적

바람이 머물다 간 자리에
흔적은 남는다

내 안팎에서
지나간 바람 소리
더욱 선명하고

거친 파도의 질곡에 부딪치는
질긴 숙명의
모퉁이 돌다 마주 선 교향곡

저물녘 노을같이 언제나
가슴 한가운데로만 맴돌아
여울목에 낙엽 쌓이듯
하얗게 쌓여 가는 흔적들

고독

어느 날, 내가 기댄 곳은
바람이었다
어쩌다, 내가 밟은 곳도
구름이었다
쉴 곳 없는 먹장구름이
울고 가는 밤 길섶 속에
풀벌레처럼 가슴 조이며
살아온 길 잃은 외기러기 한 마리
막다른 외진 골짜기마다
가로막고 서는 벽
천길 낭떠러지 아래서
돋아나는 아픔이여

울음의 미학

수많은 감정 밑바닥에
고여 있는 사랑은 눈물이다
오직 그 눈물만이
수도승같이
삼계三界를 넘나들어
마음을 길들인다
강산같이 무거운 울음
그 울음으로 들풀들은
자신을 끊임없이 흔들어
사랑을 키우는가 보다

황혼

유독 한 가지만 버리지 못해
많은 것 잃고 힘들게 버티어 온 삶

때때로 얼굴 붉히며
안부조차 묻기 힘들었던 시절에도
거물같이 빡빡하게 채워진 아픔들

해묵은 시간 지우지 못한 미련
모난 세월에 할퀸 곪은 상처도

툭하면 그립고
툭하면 외롭고
여차하면 모든 게 심드렁한 나날들

눈물 게우듯 애처롭게 힐끗힐끗
뒤돌아보며 떠나갈 황혼

여적 잊지 못할 사연 깊어
휘적휘적 무거운 발걸음
오늘도 그토록 애태우시나

사랑

사랑은 무제다
남쿠릴 열도다
남쿠릴 열도의 바람이다
눈도, 귀도, 입도 없고
미움도 없는
세간의 영달을 탐하는
그 흔한 가슴도 없다
다만, 사막에 이는 바람일 뿐이다
어제도 불고 오늘도 불고
내일도 부는 그저 그런
코끝에 이는 매운 바람일 뿐이다

송(song)

겨울같이
제 껍질을 헐기 위해
가슴으로
부르는 노래

너

오수

형산강 초입 여울목
조그맣고 가녀린 은조개 한 마리

은빛 비늘 햇살 속
노을에 젖어

기러기는 허탈한 듯
돛대 위에 졸고 있다

바람아
깃대 내린 바람아

이맘때쯤이면
복사꽃 고운 정도 진정 싫어라

붕어빵의 꿈

빨간 불판 위의 붕어빵은
노오란 꿈을 꾼다

뒷골 개울못 여울에서
유영遊泳하는 꿈을 꾼다

사나운 물살에 덤벙 뛰어들어
모두를 놀라게 하는 꿈을 꾼다

버들치와 어울려, 해 저물도록
손가락 걸고 놀던 옛집 텃밭의
동그란 금순이와의 꿈을 꾼다

엄마의 좌판 위에 반드시 누워
마음의 텃밭 일구고
오가는 바람에 세상인심 어떠냐며

파란 하늘 향해 가는
유영을 꿈꾼다

세월의 덫

세월의 힘든 더께가
낙엽으로 쌓여 간다

바스라질 것 같은 육신의
쉰다섯 해의 흔적은
부스럼같이 덧나고

한 줌의 웅덩이 물에도
마다하지 못한 달팽이의 삶

칼날의 날 선 세월 앞에
마음 둘 곳 없다 보니

어이없는 달그림자에
생과부 냉가슴 앓듯
사념 끝에서만 맴돌고 있다

그리움

세월이 쓸고 간 텅 빈 자리에
여적 선명한 얼굴들

친구도 연인도
한낱 추억으로 오는 빛

목덜미 낚아채는
잔인한 시간 앞에
쓴웃음 짓는
퍼런 세월의 잔해

어쩔 것인가
차라리 남루한 내 모습
감출 곳 어디도 없다

문지방 건너간
끊긴 연의 실타래 들춰내어
거역할 수 없는 길목에 선
고약한 미움이여

조개무덤

포항철강공단 아래
도구 해변에는
삶이 버거운
신음 소리가
자주 들린다

귀 기울이면
먼 바다에 귀 기울이면
너울치는
바닷물 소리도
간혹 들린다

그는 나에게 말한다
너도 한번 살아 보라고

종말

끝까지 가보지 않은 사람은 모른다
땅과 하늘 사이에 있는 것
창파의 그늘에 꼭꼭 숨어 뒤척이는
존재의 씨앗들을

꽃샘같이 단단해
줄기가 허물어져 모든 게 사라져도
허공에서 살아 비상하는 상처
보듬는 창공

유방 하나를 도려낸 여인같이
상처기 딧나 시린 시인같이
천길 절벽 아래로만 떨어지는 시어들

한밤을 하얗게 지새우며 펄럭여도
아침이 오면 언제나 제자리로 돌아와
눈물뿐인 하얀 여백
암초 같은 눈물의 갈퀴 같은 것

당신은 죽어서도 모를 것이다

가슴은 문드러지고 수없이 찾아 불러도
바위같이 똬리 틀고 꿈쩍 않는 힘
끝까지 가보지 않은 사람은
절대 모른다. 그 힘을

제2부 진달래 단상

오매불망
그리움인 양
가지가지 맺혀 있다

해당화

파도 소리 여울지는
모래펄 외진 모퉁이

바람결에 흔들려서
곱게도 피어난
해당화 한 송이

빛살에 눈부신 듯
배시시 눈 흘기며
붉은 볼에 고운 보조개
양귀비보다 더 아파리

작은 두 팔 활짝 벌려
하늘 향해 기지개 트는
앙증맞은 당찬 모습

이 세상 어느 하늘 아래
너만 한 절색 또 있을까

억새꽃

황홀한 하얀 몸짓은
숫제 그리움인가

가슴에 꽂는 비수처럼
저 은빛 떨림의 진동

저무는 계절이 풀어내는
황갈색 무녀의 눈물만큼
만남의 기약은 여적 멀고

선홍빛 산 노을의 손짓은
차라리 외로움이어라

홍시

세상 변두리 기웃거리다
속속들이 마음이 상해

겉과 속이 비바람에 절어
온통 피멍 들었네

그토록 빨갛게 멍들려면
얼마를 괴로워해야만 하나

안팎이 다른 세상일진대
어찌 그리도 고울 수 있나

하늘

구슬이
파란 옥구슬이
천 년을
천 년 세월을
졸다가
옥빛으로
파르르
파르르 떤다

노송

까마귀 우짖는 절벽 위에
잎사귀 하얗게 떨군
앙상한 노송 하나

거센 살바람에도
미동 하나 없이
산자락 움켜잡고
버티고 살아온 고집 때문에

갈비뼈 부러지고
심장이 찔렸어도

용케도 버텨 온
아름드리 가지마다
울어예는 수만의 풍경 소리
천지를 진동시키고 있다

매화 피는 날

시간이 동굴 속 석순같이 더디게 자라고
꿈결이든 아니든 별로 신통치 않은 새벽에
꽃술은 머리를 산발한 채 서럽고

누구 볼세라 치마 속 깊이 감춘 천기天氣
천지는 개벽하는 아픔으로
숨죽인 채 산통으로 울고 있었다

초산의 산모는 입술 앙 깨물고 기다리며
밤새워 하혈과 몸부림한 사투 끝에
일순 정적 찢는 벼락 소리

방 안 가득 퍼지는 매화 향내
드디어 머리를 쭈—욱 세상 밖으로 빼고
액자 속의 묵화같이 세상과 상견례한다
두리번두리번 거기 누구 계신가요?

구름 한 조각

덩그러니
외로운
구름 한 조각

부대끼며 살아온 이웃
모두 다 어디 두고
홀로 남아

새댁처럼 파란
동화의 나라
꿈꾸는가

번잡한 것 싫어
외롭고 싶은
구름 한 조각

진달래 단상

홍매화 앙칼진 자태
가슴 어지럽히는
한낮에

영 너머 산촌서
들려오는
두견새 울음소리

골바람 사나운지
떨고 있는
진달래 멍울

오매불망
그리움인 양
가지가지 맺혀 있다

달맞이꽃

논둑 길 위
앙증맞은
노란 달맞이꽃

서산에 달 진 뒤
무척
외로워하더니

한낮이 기울자
기운 차리고
고개 치민다

난蘭

간밤에
찾아든 늦추위가
창살에 성에 피워
얼어붙은 새벽녘에

철골소심 붓길 사이로
달포여 둥지 튼 꽃망울이
못 견디어 터진 아픔

온 방 안에 피어나는
은은한 춘검春劍 향기

내 천형의 아침 위통
단칼에 다스려 주는
사군자의 높은 절개여
임 향한 충절이여

갈대

사람이 그리운 걸까
무리 지어 우는 새
쏴아, 쏴아
생명의 껍질을 부수고
시절을 탈출하는
완성도 높은 시월의 노래
만추의 하늘에서 피는
허연 몸부림의 향연
뒤틀리고 꼬인 사슬을
뜨겁게 담금질하여
일으키는 영혼이여
흰 화선지 위에 뚝뚝 떨구는
검은 묵점의 춤사위가
눈물인 듯 서러운
젊은 날의 고변高邊이여

억새

솜털 같은 가벼운 갈바람
철령산 자락에
뭉게구름으로 피어난다

텅 빈 가슴 드러내고
몸통 따라 수없이 소리치는
나비같이 하얀 손

무심한 세월이 미운 건가
무리 지어 우는 철새 떼
통곡같이 산란하다

길목마다 지키고 서서
버석버석 서걱이며
왜 저리도 슬피 우나

바람뿐인 정분이사
원래가 허망일지니
애절한들 누굴 탓할까

진달래

불탄 자리에서 달빛으로
피어난 꽃

청초한 웃음은
차라리 달빛의 가슴이어라

동녘이 훤히 밝았는데도
자리 뜨지 못하고

달빛은 한사코 진통하며
울고 서 있다

한나절을 멍하니 지켜보던
소쩍새는 눈물 적시며 떠나고

왠지 서러운 진달래는
온종일 파리하게 떨고 있다

단풍

왜, 너는
불타는가

임아, 너는
그렇게도 불타고 싶었는가

그렇게도 서럽게
자신을 송두리째 태워서

세월 앞에 당당히 서는
너의 절개는 과연 무엇이던가

종내는 바람 앞에 흩어지는
꿈이었던가

구절초

신문 제목만 보아도
짐작 가는 나이는
차고

쓸쓸한 자괴自愧가
칼날같이 퍼런 구절초의
오늘

살아 내는 질서가
한 치의 착오도 없는
슬픈 계절에

나만 그럴 것 같은가
너도 한번 살아 봐라

동백꽃

선각자들은 안다
그가 초당에서 살아왔다는 것을
이 추운 형산 뱃머리에서도
한겨울 곱게 견딘 동백처럼
붉게 꽃피운
나라 사랑하는 꽃

유배 18년 고독 벗 삼아
등잔불 아래서 일구어 낸
다산4경의 약천이며
연못 속의 석가산石暇山이며
적거謫居의 진한 고독이여

샘 뒤의 바위에 깊게 판
정석丁石의 노래에는

눈 쌓여 인적 끊긴
새 울음소리마저 깊이 잠든
겨울밤
댓잎의 울음 함께

피워 낸 꽃

그 꽃

환희

긴 혹한 용케 견딘
창가의 난이
요 며칠 말없이
삐쳐 있다가
밑동이 가려운지
밤새 긁어 대더니
혈흔 낭자한 그 자리에
틔운 새싹 하나

찾아온 햇살
가슴에 품고
꽃보다 더 아픈
산고의 고통
씻어내고 있다

제3부 인연의 끈

쉴 새 없이 가는 낮과 밤은
모든 게 또한 오늘 같아라

가는 것이 이와 같아
쉬는 일이 없는 세월

흔적

거대한 우주에 이는
한 줌의 파문은 괴로워라

접어 놓은 가슴을 뒤적여
눈물 먹은 증오를 들추지 마라

껌껌한 늪지 속 어디선가
건달같이 일생을 바친
허탈한 웃음들이

음달 진 산자락 모퉁이에서
매운 들꽃 한 송이 피워 내고 있다

수심愁心

바람에 강물결
하얗게 뒤집어지고 있다

세월의 강나루에
쌓여 있는 한숨들

강 길도 서러워서
돌아앉은 여울목에

한낱 바람에도
수억의 별빛들이
강물에 빠져 뒹군다

소통

보도 못하고, 듣도 못하는
하찮은 미물들도
제 피붙이는 알아봐

한밭에서 커 온 정이
타관살이만 못했을까

하늘에 흐르는 저 구름도
가고 나면 못 오는 것을

이웃보다 못한 혈연
탓해서 무엇할까

칼날에 단절된 바람 소리
미련뿐인 안타까움이듯
절절한 단절의 벽이여

인연의 끈

쉴 새 없이 가는 낮과 밤은
모든 게 또한 오늘 같아라

가는 것이 이와 같아
쉬는 일이 없는 세월

그 세월 어느쯤엔가
발목 잡는 옛 인연 있었을 터

고함 한번 쳐 봐도
답답하기는 늘 매한가지

부처님이 하신 말씀
질긴 인연의 끈은 잘라라

서낭당의 추억

태초에 눈물뿐인 이 땅에
징 소리 북 소리 울리고
천지간에 개벽이 있었다

돈키호테처럼
입 꽉 다문 채
지치도록 서럽던 고갯마루

허망한 편린이
아프도록 매혹하는
점바이 누님의 서 하늘 아래

운명처럼 심장 멈추게 한
박제된 노랫가락에

공수래공수거려니
처용무의 못 이룬 춤사위인가
미친 듯이 펄럭이며 운다

불혹의 흔적

시새워 병근
고운 꽃밭에
함초롬히 들국화
홀로 설움다

구만 리 장천에
야멸찬 높새바람
덧없는 사연이사
가슴앓이로 삭히고

숨찬 기적 소리
산허리에 헐떡이면
부질없이 멍울진
인동초의 구성진 가락

햇불로 번져 오는
초라한 자화상에
김삿갓 뜬구름 세상이라고
보채는 석양 노을

세월은 가이 없고
적막함만 가득하다

세상에 이런 일이

배추 한 포기 5천 원
무 한 개가 3천5백 원

기록 세우는 살인 물가에
살기 막막한 장바구니 경제

시중 슈퍼와 마트만 가면
겁난다는 요즘 마누라들

오늘도 대형 할인마트 피해
시골 5일장 찾아 장 나선다

중심추

나는 당신의 중심추
변함없는 중심추
오른쪽엔 당신을 앉히고
왼쪽엔 나를 앉히고
많이 나가면 무게 줄이고
모자라면 무게 더하여
항상 중심축을 향해
흔들거리는 이동추

슬플 때나 기쁠 때나
비가 오나 눈이 오나
임 향한 천년 절개로
눈물보다 더 애절한
가슴의 무게로 채워 가는 질량
이 세상에서 오직 하나뿐인
나는 당신의 중심추

노추 老醜

노을이 운다
눈물도 메말라
표정조차 가누지 못할 나이에
왠지 노을이 운다
임의 차가운 눈초리가
차마 매서웠을까
하늘도 등 돌리고 발 동동 굴리며
노을이 운다
이제 자리 거두고
횅하니 떠나야 할 늦은 시각에
한사코 머뭇거리며
옷깃 젖도록 노을이 운다
뭔 미련이 그토록 질기기에
나잇값도 못하면서
줏대 없이 노을이 운다
그렇게 서럽게 운다

밥 짓는 연기가 그립습니다

엿가락 휘는
오뉴월 땡볕에
빛바랜 검붉은 태양이
꾸역꾸역
산그림자 속으로 지쳐
떨어지면

동구 밖 재 넘어
이웃 마을 품앗이 돌아오는 어머님
마중하는 해 질 녘 노을이
초가지붕 굴뚝 위로
맏며느리 부산한
저녁 밥 짓는 소리

엷은 분홍빛 황혼이
산마루에 드러누워 자맥질하는
저녁나절 골짜기 개울에는
온 마을 가득한
솔가지 타는 냄새로
주린 배 더욱 허기지게 하던

밥 짓는 메케한 연기가
엊그제인 듯
아련히 그립습니다

큰집 가는 길

선잠에 새 양말 신고
눈 비비며 선하품하며
아버지 손에 끌려
재촉하던 그 새벽길
어둠자락 걷어내는
붉은 먼동이 자욱하다

간밤에 비 내렸나
큰집 가는 오솔길 섶
엄마 젖꼭지같이
촉촉하게 젖어 있고
첫닭 우는 이른 새벽
아버님 바쁜 걸음
길게 내뿜는 담배 연기가
고요 속에 퍼져 간다

추석날
캄캄한 첫 새벽녘
큰집 가는 길

출상의 아침에

이별처럼 비가
밤새 흠뻑 내렸습니다

긴 장마 끝에
석별의 눈물은 뿌려지고
어머님의 회향은
동행의 끝에 벌써 와 있습니다

가슴마다 준비한 출상出喪이
이별을 염하듯 가로막고 선
절벽입니다

정말 부질없는 일상에
하염없는 가슴으로 맞이하는
이 아침이, 왠지 향에 절은
매운 냄새로 천지간에
진동하며 찢어집니다

왜 우리는
울어야만 아픔이 치유될까요

너무도 허허로운 아침이
시간을 잊은 채 울고 갑니다

고향의 고집

고향의 비는
맞아도 좋다

고향의 길은 마냥
걷기만 해도 좋다

짓궂게 구는 고향의 바람
스치기만 해도
실실 웃음이 절로 나온다

왜냐면 고향은
안태 고집이기 때문이다

춘념 春念

상념의 폭포수에
허우적이는 봄날이
길기도 한
오늘 하루

앞마당 살구 열매
뒤척이며 곱게 익는
시름겨운
하오에

예전에 벌써
잊었던 그 소녀
뜬금없이
길 막고 선다

대송의 아픔

공단 매연에 절고 절은
골골한 노송 한 그루
그 옛적 부조장터 지키던
펄펄한 높은 기상은 다 어데 가고
장단지 힘줄은 쇠잔해져
굽은 허리 절룩이는 다리로
선산 지키며 살고 있나

공단 조성으로 망가진 천년 송림
산새 떠난 헐벗은 대송 선산에
비바람 막아 주는 이 없어
눈물뿐인 대송의 아픈 상처
그 아픔 알기에 대왕바위 쏘아보며
운제산 넘는 달그림자
못 본 척 지나가는가

사이공연가
—파월용사전적지 참배(베트남 기행)

푸켓 그 작은 가슴에
목놓아 울다 간
달그림자

한낮의 스콜은
여적 정분에 울고
반겨 주는 이 없어도
언제나 그리운 심사

언제 또 만나 보나
그 옛적 영토 위에
이빨 자국도 선명한
맹호 1연대의 방치된
입구석ㅅㅁ石의 위용을

군화 소리 요란한 연병장에
그때 풀벌레 소리
아직도 남아 있고

나그네 발길 잡는

꽁까이의 비련인가
한사코 잊지 못한 메콩 강이
소리 없이 울고만 가네

이고 진 저 세월
무게는 변함없는데
변한 것은 자네였던가
발등에 떨어지는 굵은 눈물방울

새벽이면 피고 지는 이슬이라
누가 꽃이라 우겼는가
먹구름뿐인 이 대지에
쓸쓸한 정든 추억 한자리

임은 아직 먼 곳에
지쳐 힘든 남십자성 창공

호치민의 애국이다
빠곰 능선에 두고 온 전우들아
이제는 털고 일어서라

눈물 닦고 일어서라

우렁찬 다낭 공항에
시누크 소리 들린다
오작교 작전에 지친 전우들아
이제 함께 떠나가자
어깨동무하고 웃으며 떠나가자

거룩한 바보

수만리 먼 길 떠날
내 어머님께, 내 아버님께
친부모 되어 주고
친자식 되어 주고
배우자 되어 주시는
그 사람

아픈 허리 보듬어
편히 하여 주시고
성치 못한 팔다리
자기 다린 양 아파하고
외로워 깡마른 가슴 다독여
품에 가득 품어 주는
그 사람

혈육도 마다하는데
어쩔거나
어쩔거나
서로 말벗 되어 주고
서로 아파하며

고운 인연 닿게 하는
그 사람

어쩌다 내 신세 처량해
울먹이는 내 부모님께
피붙이같이 푸근케 하여
등 토닥여 눈물 닦아 주는
그 사람

임이신가
벗이신가
나의 사랑이신가
나의 분신이시여
내 어찌 잊을까요
하해 같은 이 은혜를

행여 다칠세라
어루고 아루는 정
늙어지면 서러울진대
나보다도 더 애틋한 당신

어쩌면 내 엄마 꼭 빼닮은
하늘 아래 당신이여

할아버지 소고小考

나이가 들어야 할아버지가 되는 것인데
시부모님이 젊은 요즘 새댁
할아버지 기준이 본인들의 부모님이 기준이라
아무나 보고 무조건 할아버지래
그 모호한 기준에 심정 상하는 일 많은 세월 탓에
"내가 너 할아버지냐" 며 삿대질에 싸움이라니
할아버지 소리 들을 때마다 기분 나쁜 옆집 아저씨
점포 갔다 물건 사지 않고 돌아 나왔다는 그 기분 알 것 같다

40줄 홍안의 스님에게 할아버지 스님이라는 말에
충격 받아 몸져누웠다는데
왠지 아침 공양이 맛이 없었을 것 같은 오늘!
그 마음 내 마음 같아서 오늘 아침 옷 고르느라 거울 앞을
몇 번이나 더 왔다 갔다 해도 모습은 매마찬가지다

할아버지 호칭이 욕이 아닌 것이데 크게 마음 상하게 하는 말인 줄
이전에는 꿈에도 몰랐다

이웃나라 일본에는 총각 할아버지들이 많다는데 우리라고 피해 갈 수 있을까

장가 가보지 못하고 할아버지 소리 듣는다면 얼마나 기분 나쁠까

늙는 것도 서러울진대, 왠지 찜찜하다

착각의 시대에

당신이 작정하고 하는 일인데
당신이 앞뒤 가리지 않고
마음먹고 하는 짓인데
왜 내가 이렇게 안달일까요

버들개지 움트는 게
순전히 기후 탓인데
계절 잊고 피는 꽃도
적지 않은 시대에
왜 그대는 봄 때문이라고만
생각할까요

철새도 피난하는
지독한 한파의 이 장난질이
온전히 봄 탓이란 착각은
누구의 잘못일까요

당신의 배신에 눈물이 납니다
당신은 누구이기에
이토록 칼날같이 가혹하신가요.

해탈 연습

겨울이 깊어 가니
추위가 무더기 지어 몰려온다

잊으랴 잊으려 해도
깊은 병 된 미웁던 사연

더러는 미운 정도 쌓여
그리운 정으로 움튼다는데

찬바람에 떨고 있는
속된 생각 떨쳐 내고

청솔 푸른 노거수 한 그루
가슴팍에 심고 보니

풍랑 속의 난파선
꽁지 감추듯 사라졌다

제4부 봄날

봄빛 한 아름 담아
뽀송한 색동고름
연초록 화장으로
하루가 바쁘다

송년찬가 送年讚歌

하루도 거르지 않고
일 년 내내 하는 일이
먹고 자고 세월만 지우며
열심히 달려온 한 해

오늘 지나면 더 갈 곳 없는
다시 시작하는 새 세월인데
하늘에 둥둥 떠 있는 것이라곤
구름 몇 조각뿐
여울목 끝자락엔 언제나
빈 자국만 뎅그렇다

여적 지워 온 것이
품속의 달그림자였었나

어느새 서산 위에 걸터앉은
흥건한 붉은 석양
매년 홍역 치르듯 보내는
송사 送史라 해도

나이 찰수록
미워지는 황혼 노을
떠나는 임보다
더 서러운 송년送年

해맞이 잔치

해 뜨는 동해 길 천만 리 수평선 위에
은빛 하늘 출렁이는 대양大洋이 오네

불빛 축제 환히 밝히고 새날 맞이하는
가슴 벅찬 5대양의 으뜸 미항美港 언제나 포항에는
5십만의 바람을 불빛으로 얼기 엮어
정성 다해 맞이하는 영일만迎日灣의 신정新正 잔치

신년 맞이 준비하는 과메기 축제 장터에는
구경꾼 불러 모으는 굿거리 아낙의 슬픈 춤사위가
아! 너무도 알싸하다

펄럭이는 만장萬丈에 신기루의 꿈 설기 엮어 걸고
해풍에 돛배 띄우는 호동 왕자의 대북 소리
연오랑 세오녀의 천년 사직이
천지간에 준동蠢動하는 세세연년歲歲年年 만만세라

신천지에 낙관 찍어 바닷길 여는 해맞이 잔치!
해양대국 문 여는 호미곶의 붉은 태양 한 빛줄기
동해 일출 해맞이 잔치 얼씨구나 너무 좋다!

정월 대보름

엄태공의 낚싯줄에
걸려든 보름달이
건들거리는 강물 위에
은빛으로 출렁이고

달빛은 청청하게
푸른 별빛 쏟아내면
달 맞는 기러기 떼
대낮인 듯
뜬구름 함께 놀다 간
동구 밖에

부엌문 활짝 열고
부뚜막에 소지 태우는
어머님의 삼신 기도
구천문 앞에 조아리고

기분 좋은 신선귀
이화춘풍에 깊이 취해
신주단지 툭툭 치며

느끈 훙청
줄줄이 내리고 있다

입춘대길

춘삼월
새봄 오면
녹슬어 박제된 기억 저편의
야단법석 난동들이
춘투春鬪하기 바쁜 나날
살구 잉태한 복사꽃 새댁
허연 허벅지 드러내 놓고
숫총각들 마음 뺏는
요염한 작태가 가관이다

추운 삼동 용케 이겨 낸
수많은 인연들이 와르르
연분홍 여색에 홀딱 반해
앞뒤 가릴 것 없이
입춘대길立春大吉 만장萬丈 들고
춘투가 한창이다

입춘지절 立春之節

한겨울 삭풍에도
봉긋이 키운
진달래 뽀얀 멍울

실바람에
터질 듯 꿈틀대는
애상한 산통 産痛이여

입 맞추고픈
설렘이야
누군들 마다할까만

가지 끝에
영그는 아픔
볼 시리듯 서러워도

살포시
눈 흘기는
끈끈한 봄 내음의 유혹

무던하게도
집적거리니
내 마음 둘 곳 없다

봄날

물오른 가지에
총총 매달린
새봄 기다리는
응얼진 버들눈

봄빛 한 아름 담아
뽀송한 색동고름
연초록 화장으로
하루가 바쁘다

민들레 웃음꽃으로
실가지 빗질하는
봄나들이 어우러진
고향 들녘엔

물가두기 종일 바쁜
봄날이 한창

봄의 무례함을 고告함

어찌 글로 아뢰오리까?
이 엉큼한
작당들의 무례를

이 산 저 산 터져 나오는
암수 잡것들의
외도[不倫]며

이 골 저 골 준동하는
천지개벽 벽두의
난동하며

삼동을 부풀려 터뜨리는
꽃망울 떼거리들의
속살[半裸] 시위를

기세에 밀린 장끼란 놈
얼굴 붉히며
도망가는 속내

어찌 말로 아뢰오리까?
저도 어쩔 수 없는
황당한 이 무례를….

봄날이 간다

뜬구름 헤아리다
졸음에 겨워

노란 살구 살포시
잠이 들었다

바람도 행여나
조심하는데

쏟아지는 햇볕이
너무 따가운지

눈부신 봄날 따라
철쭉이 진다

소나기

그녀는 울고 있었다
적도 회기선의 고압전선처럼 울고 있었다
비명횡사한 난봉꾼 아낙의
비탄인 듯 울고 있었다

적도를 쭈욱쭈욱 빨아먹고
억장 무너진 여인네의 울음소리

칠흑 같은 어둠을 사정없이 난자하는
줄기찬 회기선의 앙칼진 칼날은
불륜의 씨앗 잉태한
뻔뻔한 과부처럼 대낮인데도
꺼이꺼이 목 놓아 울고 있었다

가을이 오네

숲 속 작은 산사에
하얀 박같이 고운
가을이 오네

문득 길 한 모퉁이 돌다
마주친 그리움처럼

초저녁 가물가물
따스한 불빛으로
창가에 내리는 추정秋情

이별도 많은 이 절기에
붉은 꽃잎 떨어진
울긋불긋 개울물에는

나뭇가지마다 한결같이
높은 가을 하늘을
달고 있네

숲 속 작은 산사에

하얀 박같이 고운
가을이 오네

가을의 의미

봄 여름 다 보내고
토라진 가을 산자락

풍경이 어지러워
촌각에 이르렀어도

위태로운 산머리에
걸터앉은 작은 절간 하나

중생들의 몽매함을
인경 소리로 탓하는 가을

가을 단상

산수유 붉은 멍울 보듬은
풍만한 저녁노을이
가슴 어지럽히는 해거름에

아련한 기억
바람으로 쓸어내리는
쓰린 가슴 데우면

천상의 계단에 맞닿는
검붉은 구름 품은
높은 하늘이 있다

포근한 가을빛
애잔한 넓은 품에
내 마음 가볍게 추슬러
한 줌 꽃씨로
올려도 좋을 생각들

가을이 간다

해거름의 산그림자 밟고
휘적휘적 가을이 간다

반겨 주던 임은 간 곳 없고
텅 빈 선창에 바람만 한 줄기

앞만 보고 달려왔어도
되돌아보니 빈 걸망뿐

이별주 한잔 없어도
홀로 떠나야 할 나그넷길

어차피 가는 길이라면
가을같이 속절없이 가자

처서

세월이 서러운 것일까
온몸으로 우는 갈대

슬픔 없이는 이 가을을
보내지 못하는 불혹인가

덧난 상처로 아물 길 없는
이 막다른 처서에

산 넘어가는 바람 소리
꼬리 길어 서럽다

가을 들녘

길은 옛길인데
성 안팎은 왜 이토록 시끌한가

가진 것 하나 없이
알몸뚱이로 벌렁 누운 가을

찔러도 피 한 방울 나지 않을
얼굴 두꺼운 갈까마귀 떼들
패거리 작당이 시답잖다

세상사 그런 것인지
들녘 지나치던 갈바람
뒤도 안 보고 도망친다

밤바다

어둠 속에서 신비의 빛 흘리며
몸을 푸는 바다
바다는 힘겨운 듯
별빛을 가슴에 품고
달팽이 등껍질처럼 달라붙은
원시적 성애의 몸짓으로
제 속살을 도려낸다
깊은 물살의 무늬로
벌겋게 번져 오는 하늘
어둠처럼
멈추어진 시간들의 푸른 형상 위에
억수같이 내리며 자맥질하는 억겁의 별빛들
진실도 위선도 모두 하나이듯
가슴 안에 가득 품고
하얗게 부서지는 바다

낙엽 한 잎

홀로 가을 하나
허공에
떨고 있다

모진 놈이라
세상이 온통
비웃어도

소매 끝 잡아끄는
임의 정분
마지못해

휑한 낙엽 한 잎
모진 시절에도
혼불 그득 지핀다

제5부 호미곶 찬가

동빈내항 근방으로
이 야한 밤에
호미곶 등댓불이
주마등처럼 졸고 있다

법광사의 봄

학이 나래 펴
비학령을 등에 업고
높은 대망大望을
가슴팍에 펄럭인다

범천못 속의 붉은 여울
건들거리는 춘심春心이여
시큼한 풀 비린내
질경이같이 질긴 하오

청태 낀 천년 고찰
비학산자락의 법광의 빛
미륵불의 풋풋한 미소에
칠성당에 찾아든 봄

고즈넉한 독경 소리가
천년 신라 유사遺事려니
너울너울 춤사위에
오층 석탑 진종일 존다

죽도시장

삼동三冬에 질린 가슴팍을
해풍으로 삭히는 하오
미운 정 고운 정 엮어
파도 살에 헹구어 내면
죽도시장 항 포구에
갈 길 바쁜 통통배들

퍼덕이는 은빛 하늘
선창 너울에 출렁이고
여장부 억척 세월
좌판 위에 뒹굴면
하늬바람 속살 속의
풋풋한 비린 내음

흥해 5일장 풍경

곡강천谷江川 역류하는
칠포七浦 매운 바람 줄기
범천못 재방 둑에
갈 길 막혀 서성이고

피안을 떠돌다 온
고향 떠난 순희 생각
신작로 정류장 터에
눈시울로 엉글 때

아직도 눈에 선한
흥해 장터 채소 난전
어디선가 들려오는
떠돌이 약장수 풍악 소리

하오의 월포 바다

동짓달 월포덕장에
과메기 익는 비릿한 냄새로
파도는 종일 칭얼대고

스무 해 푸르른
과년한 처녀의
퉁퉁 불은 젖가슴만큼
붉은 동백꽃이
하늬바람 타고 피어나면

5일장 월포 난전 어구에
구수한 정담 몸에 익은
바다 닮은 아낙들의
억센 사투리가 정겹다

해장술에 취한 통통배가
한낮을 졸다 간 하오에
해녀들의 자맥질 따라
고동의 휘파람 소리
끊어질 듯 이어 오고

오어사 변경

조그마한 인경이
노오란 은행 잎사귀에 풍경 친다

산안개에 안긴
운제산은 제 흥에 겨워 붉게 타고

하얀 고요가
바람 타고 온 적막한 산사山寺에는

묵향에 묻혀
졸고 있는 반야심경 노스님

원효대사 해탈 염원이
오어지 속에 깊게 잠겨 가고 있다

과메기 덕장

호미곶의 외줄 타고
바닷바람 불러 모으는
산비탈 덕장마다
꼬챙이에 아가미 꿰인 채
영일만 해풍 맞는
산비탈 꽁치 덕장

쩍 벌린 아가리로
하늘 향해 소원 비는
고향 보고픈 망향의 꿈
해풍에 얼고 녹아
온통 말라 가는
꽁치의 꿈은 무엇일까

구룡포 선창가에
과메기 축제 열리면
방방곡곡 별난 애주가들의
막소주 안주로 찢기어
고단한 삶 취기로 달래 주는
나눔의 장터여라

호미곶 찬가

갈매기 훨훨 날아가는
동해의 수평선 위로
뱃고동 소리가
부우웅 부우웅
울려 퍼진다

연오랑 세오녀의
전설을 안고
포은과 해월의 넋이 깃든
형산강은 도도히 흐르고

명사십리 허허로운 벌에
영일만 사람들의 소망이
용광로의 불길마냥 치솟는

동빈내항 근방으로
이 야한 밤에
호미곶 등댓불이
주마등처럼 졸고 있다

신항만에서

장엄한 욕망의 분화구
포항 신항만의
우렁찬 크레인 소리에
영일만 시대가 열린다

보릿고개 서러운 반세기를
운제산 정기에 살찐
화랑의 후예들이
오뚝이처럼 일어서면

나의 귓가에
바람마냥 스쳐 가는
왜구의 함성이
파열음을 내면서 부서지고

제철이 찾아오면
과메기 시장의
과메기족들이
활개를 치고 가는
해맞이공원은 만원이다

칠포에서

건설의 해머 울음이
메아리치는 현장에서
잔뼈가 굵은 아버지의 그늘진 생애를
모갈산은 모르리라

아침마다
해도 염전 밭에서
소금이 된 아버지의
아침은 눈부신데

칠포 뱃머리 등지고 앉은
구만선장의 오지랖에
저녁노을이 구겨진다

보경사

대전마을 어귀 돌아
보경산 가는 소롯길에
고향 닮은 돌사다리 계단
뜬구름 되어 흘러가면

칠령산 산신인 양
하늘 찌를 청솔나무
사천왕으로 버티고 서서
오가는 못난 길손
정겹게 반기는 보경사

반세기 훌쩍 뛰어넘어
달려온 기미년이
3·1 만세 함성으로
송라장터에 메아리친다

오도의 석양

홍안 뜰 너머
한가로운 무인無人섬
오도에는

달전 진산에서
갓 돌아온 입춘이
비학산 산풍에 바르르 떨고

속 태우는 불사佛事는
빈 걸망 무게만큼
허기진데

발우 나선 비구 스님
시주단자에
해풍에 설익은 해당화 한 송이

중천에 걸린 허연 낮달이
심통인 듯 지피는
석양노을

포항 동빈포구
―임진년 새해를 맞이하며

끝남이 없는 충성으로 지친
풍금 소리처럼 따뜻한 겨울 속
동빈포구의 첫새벽
어선들의 모터 소리 따라
빈 소주병 하나 떠간다

이 세상 어디에 수절이 있다고
이 세상 어디에 정절이 있다고
숙아!
온갖 욕망 들끓는 항구에서
먼 길 오고 가다 만나
사랑하고 싸움하고
술도 한잔 나누고
떠난 너

비어 있는 것은 모두 다
아픔이었다
눈물이었다

다시 붉게 일어서는

신기루의 빛은
너와 내가 만들어 갈
2013년 대운 같은
호미곶의 해후

오어지의 달

꽹과리 춤사위로
마실 안길 휘돌아 나간
오어지의 보름달은
나 몰라라 자적하네

길 잃은 깊은 밤이사
홀로 슬픈 외기러기
찬 서리 서릿발에
달무리로 지새는 밤

깊이 잠든 산정에
일렁이는 달그림자
대웅전 고적한 풍경 소리
북받치는 슬픔이여

비학산 기우제

어느 해던가
비학산에 하늘이 가물어
산골짜기 물도 말라
새도 짐승도 벌레도 살기 힘들어
나무도 말라 가던 때가 있었다

워낙 험악한 산세라
산새들도 쉬어 넘는
하늘 길 맞닿는 산정에 길을 열어
하늘만 한 축문을 내어 걸고
지극정성으로 빌던 천제단에는

만백성의 눈물 한곳으로 모아 두고
하늘에 고하던 만장기가
그 험난한 시절에도 하늘을 감동케 하여
천하에 비를 내리게 하였고 천년 사직을
도모하던 때도 있었다

언제나처럼 하늘의 분노를 달래고
만백성의 원성으로 비를 내리게 하여

천하를 태평케 하였고
법광사의 고명 노스님 역시 백날을
목욕재계 기도하셨다

오늘 대명천지가 갑자기 난하여
조류도 곤충도 아닌 것들이
부처님 얼굴 앞에서 감히 세치 혀로
백성을 어지럽게 하니 이를 고告하여
세칭 똥통 속의 주사파리의 생성이라 하셨다

이에 노스님 크게 노하시어
웬 좀벌레의 짓거리인가
사천왕 쳐다보시며 쯧쯧쯧
요즘은 젊은 것들 별짓거리 다 한다며
너무 난하다 크게 나무라셨다

지극정성이면 하늘도 감동하니
안 되는 것이 없다 하셨다

형산강의 신음 소리

영일만의 탯줄인 형산강이
길게 돌아누운 채
신음하고 있다

먼 남녘에서 불어오는
열대풍의 그리움도
한때의 번들거리던 영화도
가슴앓이로 묻은 채
한낱 세월로 남은
황혼을 그리워하고

아버지, 어머니
쟁기 둘러메고
강 건너던 그날 새벽에도
형산강은 진종일
슬피 울었다

갈매기도 외면하고 떠난
눈물로 땟국 낀 그 자락에는
수많은 슬픈 영령들이

잔풍으로 설렁이는데

모유 말라 쪼그라든
할머님의 젖 모양만큼이나
초라하게 방치된 형산강의 탯줄
가슴 뭉클하게 적시는
너의 깊은 신음 소리 듣는다

형산포구

살무사 껍질 벗는
비린 내음이
쇳물 소리 장단에 지쳐
종일 조는 형산포구

조가비며
재첩이며
돌아오지 않았다

보금자리 빼앗기고
객혈하던 초생달은
서럽다며 강둑에 앉아
혼자 설피 울다 떠나고

매연에 녹슨 뱃머리엔
백갈매기 다 떠나고
호시절 그리운 갈대만이
넋을 놓고 울고 있다

바람의
세월에 추억,
       지다

발행 | 2013년 2월 16일
지은이 | 배동현
펴낸이 | 김명덕
펴낸곳 | 한강출판사
홈페이지 | www.mhspace.co.kr
등록 | 1988년 1월 15일(제8-39호)
주소 | 서울시 종로구 인사동 131번지 파고다빌딩 408호
전화 735-4257, 734-4283   팩스 739-4285

값 9,000원

ISBN 978-89-5794-245-1 04810
ISBN 978-89-88440-00-1 (세트)

※저자와의 협약에 의해 인지는 생략합니다.
※잘못된 책은 바꾸어 드립니다.